PERLA DE ORO

La mayor riqueza está en tu mente

PERLA DE ORO

La mayor riqueza está en tu mente

Héctor Rodríguez González

VVIPMASTER EDITORIAL

ISBN: 978-1-716-49172-6

Cada vez que finalizo un libro me siento lleno de vida. Porque este es el don y el talento que el maravilloso creador me ha dado, y poder cultivarlo me permite aportar principios que estoy seguro cambiarán la vida de todas las personas que tendrán la oportunidad de leer esta obra.

A mi familia y a mis amigos, gracias por el apoyo. Son la fuente de inspiración para mi vida; todos y cada uno han sido importantes.

Gracias por haber sido parte de mis conferencias nacionales e internacionales, y por aportar en cada una de ellas. Gracias por el respeto que tienen por mi vida y mi organización.

Seguiré aportando, escribiendo y dejando mis pensamientos plasmados hasta que llegue el momento de no estar en esta tierra. Mi satisfacción es poder dejar a la próxima generación principios de vida que los ayuden a vivir experiencias diferentes.

Todo cambia, pero lo único que no cambia ni son negociables son los valores que tienes que aplicar para ser una persona de éxito. Mil gracias a todos por ser parte de este sueño y parte de mi historia.

HÉCTOR RODRÍGUEZ

ÍNDICE

PREFACIO

Esta obra fue inspirada por muchísimos factores que generaron en mí la necesidad de plasmar en papel principios de éxito para que todos los puedan leer, y que logre ser incomparable.

Perla de oro es un libro diferente que te va a permitir conocer y aplicar algunos consejos importantes para la búsqueda del éxito, mostrándote que puedes aprender de tus errores para avanzar en todo lo que te propongas.

Mi objetivo no solo es que lo leas, sino que puedas aplicar todo lo que está escrito en estas páginas y llevar así tu vida a otro nivel. Es por ello que toda la labor que he podido desarrollar en esta obra ha sido de gran importancia para mí.

INTRODUCCIÓN

El oro es considerado por muchos el mineral más valioso que existe. Su nombre proviene del vocablo latino *aurum*, que sirve para identificar al elemento químico que tiene como número atómico el 79.

Se trata de un metal presente en la corteza de la tierra, pero en poca cantidad, de tonalidad amarillenta y brillante que consigue conservarse puro y sin sufrir cambios a pesar del uso de reactivos químicos o calor.

¿Cuál es el valor de una pieza de oro de cinco kilos?

Un hombre descubrió, el pasado 16 de enero 2013, en Ballarat, Australia, una pieza de oro de 5,505 kilos. El hallazgo está valorado en más de €280.000; aunque su propietario tiene intención de subastarla debido a que, por su gran tamaño, podría obtener un precio más alto.

La piedra tiene forma de «Y» y unas medidas de 2.214 centímetros. La gran pepita se encontraba a poco más de medio metro bajo el suelo en una zona que ya había sido explotada hace más de doscientos años.

Todos saben que tener oro es como tener una piedra preciosa. Tener fortuna y riqueza material. Por eso, cada principio que vamos a enseñar en este libro es importante. Es una perla de oro que debes atesorar en tu corazón y que cambiará tu vida para siempre.

¿CÓMO SE LEE ESTE LIBRO?

Perla de oro es un libro escrito con mucho cariño. Un libro donde he podido reunir historias, anécdotas, pensamientos y principios de vida que tuvieron un gran impacto en mi existencia y en la de las personas que tuvieron la oportunidad de compartirlos conmigo.

No es simplemente recrear vivencias por escrito. Es mostrar perlas de oro, principios de vida que harán de ti una persona llena de muchísima sabiduría.

Por eso he tratado de hacer este libro diferente de los demás, reuniendo las mejores historias para motivar e impulsar a las personas hacia un camino lleno de éxitos. Cada una de las experiencias expuestas tiene un aprendizaje en particular; por eso, para sacarle el máximo provecho a cada una, te recomiendo:

1. Tómate un momento a solas para leerlo.
2. Lee una historia por día, para poder procesarla bien.
3. Responde las preguntas finales que tiene cada historia del libro. Esto te ayudará a descubrir la perla de oro escondida en cada relato.

PERLA DE ORO #1

Atiende a lo que te salga de adentro
La verdadera historia de *Rocky*

En 1974, Sylvester Stallone era un actor y guionista desalentado y sin dinero. En un combate de boxeo, se inspiró en un boxeador anónimo que «llegó hasta el final» al enfrentarse al gran Mohammad Alí, escribiendo así el guion de *Rocky*.

En una oportunidad, le ofrecieron 80.000 dólares por su guion, con la condición de que el papel protagónico no fuese interpretado por él, lo que él rechazó.

Le habían dicho que a Robert Redford le interesaba el papel y que le pagarían 200.000 dólares, pero una vez más se negó.

Subieron la oferta a 300.000 dólares. Stallone contestó «que no se quería pasar toda la vida preguntándose ¿qué hubiera pasado si...?»

Le hicieron una última oferta: 330.000 dólares por su guion, pero les dijo que si él no interpretaba el papel prefería que la película no se filmara. Finalmente aprobaron que Stallone interpretara al boxeador.

Le pagaron solo 20.000 dólares por el guion, más 340 dólares por semana; el mínimo en la escala salarial de los actores. Descontando los gastos, los honorarios del agente y los impuestos, su ingreso fue de unos 6.000 dólares netos, en lugar de 330.000.

En 1976, nominaron a Sylvester Stallone para el premio Oscar de la Academia al mejor actor. *Rocky* se llevó tres Oscar: mejor película, mejor director y mejor montaje.

Desde entonces, la serie de películas de *Rocky* ha recaudado en taquilla casi mil millones de dólares ¡Y ha hecho de Sylvester Stallone una estrella de cine internacional!

> *No importa qué tan difícil parezca, no te des por vencido. **Atiende el poder interno de los sueños que están dentro de ti.** Sigue tus instintos.*

¿Qué fue lo que aprendiste de la historia?

_____
_____
_____
_____
_____
_____
_____

¿Cómo se puede aplicar este pensamiento en tu vida diaria?

_____
_____
_____
_____
_____
_____
_____

¿Cuál es tu primera perla de oro?

_____
_____
_____
_____
_____
_____
_____

Haz lo que nunca has hecho
Cuidado, perro bravo

Unos niños jugaban fútbol en las afueras de una casa que tenía un letrero con el siguiente mensaje: «Cuidado, perro bravo».

De pronto, en medio del juego, a uno de los niños se le fue el balón, que cayó dentro de la casa donde estaba el perro. Ante la situación, tuvieron que afrontar dos decisiones: buscar el balón y arriesgarse, o comprar otro.

Por el temor que sentían, decidieron comprar otro y seguir jugando. Sin embargo, la situación se volvió a repetir. Uno de los muchachos envió nuevamente el balón dentro de la casa con el letrero que decía: «Cuidado, perro bravo».

Esta vez resolvieron reunir dinero con lo que cada uno aportara de su mesada y así comprar otra pelota que les permitiera continuar con su partido.

Este proceso se repitió cinco veces hasta que todos los niños, ya sin mesada y sin pelota con qué jugar, decidieron hacer algo distinto.

Se dieron cuenta de que había una docena de pelotas de fútbol dentro de la casa, por lo que uno de ellos apartó el temor y se dispuso a ir a buscar lo que le pertenecía.

El muchacho saltó la pared de la casa con la ayuda de sus compañeros, y cayó en el patio, justamente donde estaba el perro. Sintió mucho miedo.

Su mente jugaba en contra. Pensaba que quizás se enfrentaría a un animal enorme, con grandes colmillos y furioso; pero de igual forma siguió avanzando hacia el montón de pelotas que estaba allí.

Llegando a su punto de destino, vio la sombra del animal y escuchó un ladrido. Su respiración se aceleró y pensó lo peor. A pesar de ello, continuó caminando, temeroso de lo que pudiera pasarle, hasta que fue sorprendido por algo que nunca imaginó: el perro que venía, para su mayor sorpresa, era muy pequeño.

Esto provocó su risa y la de sus compañeros, y lo motivó a buscar sus pelotas sin problema, para luego saltar nuevamente la pared de la casa que daba hacia el patio de juego.

Así fue que el muchacho y sus amigos aprendieron que el temor a lo desconocido no es productivo, ya que te paraliza y no te deja avanzar en la vida.

Todos necesitamos tener una visión clara de los sueños y luchar por ellos, no importa qué tan grande sea el perro que nos espere.

Es hora de hacer lo que nunca has hecho para ver lo que nunca ha visto.

¿Qué fue lo que aprendiste de la historia?

_____
_____
_____
_____
_____
_____
_____

¿Cómo se puede aplicar este pensamiento en tu vida?

_____

_____

_____

_____

_____

_____

_____

¿Cuál es tu segunda perla de oro?

_____

_____

_____

_____

_____

_____

_____

Sé claro y asertivo en tus decisiones
El juego de dardos

Conocí una muy buena historia en Europa en el marco de la final de un torneo de dardos que me parece muy importante reflejar aquí.

Estas competencias, para quienes no las conocen, son bastante sencillas. Lanzas un dardo hacia una pared donde está ubicado un tablero redondo que va desde el punto uno hasta el cien, y el cien está en el centro.

Mi anécdota comienza en la final del torneo, un evento muy famoso y de gran prestigio que detenía toda la ciudad. El torneo era trasmitido a escala nacional como una de las programaciones más importantes de ese momento.

Ese día la competencia estuvo muy reñida hasta que, en el momento culminante, ocurrió algo muy particular. Uno de los competidores que tomó ventaja por encima de los demás se situó a tan solo un dardo de titularse campeón y, al momento de lanzar, acertó en el centro del tablero.

Todo el mundo quedó pasmado por lo acertado del lanzamiento, por el logro conseguido. Sin embargo, inmediatamente el competidor fue descalificado. Te preguntarás por qué, si lanzó el dardo en todo el centro. El problema fue que este hombre acertó en el centro, pero del tablero que estaba justo al lado.

Cuántos de nosotros, por no haber sido acertados, efectivos y explícitos a la hora de tomar decisiones, no hemos podido conseguir buenos resultados en algún proyecto. Hacemos cosas que creemos correctas, pero que en realidad nos desvían y empujan a darle al tablero de al lado.

Es hora de ser más claros y efectivos, de darle al centro y acertarle al objetivo. Es hora de ser personas que hagan sus sueños realidad.

¿Qué fue lo que aprendiste de la historia?

_____
_____
_____
_____
_____
_____
_____

¿Cómo se puede aplicar este pensamiento en tu vida?

_____
_____
_____
_____
_____
_____
_____

¿Cuál es tu tercera perla de oro?

_____
_____
_____
_____
_____
_____
_____

PERLA DE ORO #4

La felicidad es un trayecto, no un destino
La felicidad es el camino

Nos convencemos a nosotros mismos de que nuestra vida será mejor después de casarnos, después de tener un hijo. Con los años, nos sentimos frustrados porque los hijos no sean lo suficientemente grandes, y nos convencemos de que seremos felices cuando lo sean. Después de eso, nos frustramos porque son adolescentes y pensamos que ciertamente seremos más felices cuando salgan de esa etapa.

Afirmamos que nuestra vida estará completa cuando a nuestra pareja le vaya mejor; cuando tengamos un mejor auto o una mejor casa; cuando nos podamos ir de vacaciones; cuando estemos retirados del trabajo.

La verdad es que no hay mejor momento para ser felices que ahora. Si no es ahora, ¿cuándo? Tu vida siempre estará llena de retos. Es mejor admitirlos y decidir ser feliz de todas formas. Una de mis frases favorita es de Karla de Souza, que alguna vez dijo:

> Por largo tiempo parecía que la vida estaba a punto de comenzar, la vida de verdad. Pero siempre había un obstáculo en el camino, algo que resolver primero, algún asunto sin terminar, tiempo por pasar, una deuda que pagar, entonces la vida comenzaría. Hasta que me di cuenta que esos obstáculos eran mi vida.

Esta perspectiva me ha ayudado a ver que no hay un camino a la felicidad. La felicidad es el camino.

Por tanto, atesora cada momento que tienes y atesóralo más cuando lo hayas compartido con alguien «especial», lo suficientemente especial para compartir tu tiempo. Recuerda que el tiempo no espera por nadie.

Deja de esperar hasta que termines la escuela o hasta que vuelvas a la escuela; hasta que bajes o subas diez kilos; hasta que tengas hijos o tus hijos se vayan de casa; hasta que te cases o te divorcies; hasta el viernes por la noche o hasta el domingo por la mañana. No continúes esperando que llegue la primavera, el verano o que mueras para decidir que no hay mejor momento que el presente para ser feliz.

La felicidad es un trayecto, no un destino.
Pensamiento para la vida: trabaja como si no
necesitaras dinero, ama como si nunca te hubieran
herido y baila como si nadie te estuviera viendo.

¿Qué fue lo que aprendiste de la historia?

_____
_____
_____
_____
_____
_____
_____

¿Cómo se puede aplicar este pensamiento en tu vida?

_____
_____
_____
_____
_____
_____
_____

¿Cuál es tu cuarta perla de oro?

_____

_____

_____

_____

_____

_____

_____

PERLA DE ORO #5

Tiempo de brillar
El bombillo que no alumbraba

Estaba de visita en una casa, por una invitación a una boda. Terminado el evento, me dirigí a mi habitación. Había sido un día agotador y necesitaba dormir, pero antes de eso quería bañarme.

Lo más interesante de la casa era que el baño quedaba fuera de la misma y todo estaba muy oscuro. Debo confesar la verdad: salir al baño daba un poco de terror, por lo oscuro que estaba todo y por lo antigua que era la casa.

Dudé si realmente bañarme o dejarlo para el siguiente día, pero tomé la decisión de hacerlo porque era la oportunidad de enfrentar mis temores.

Después de tomar la decisión, tocaron a mi puerta. Era la dueña de la casa que me estaba hospedando, con su esposo. Me preguntaron si estaba listo para ir al baño y les respondí con firmeza que sí.

Entonces me entregaron un material que no esperaba: una vela y un encendedor, y me dijeron una palabra que confrontó mi vida.

«Camine conmigo, que es el tiempo de dar luz al camino y de brillar para lograr el objetivo». Esas palabras pasaron por mi mente una y otra vez cuando me estaba bañando, y pude entender algo. Allí bajo la ducha pude reflexionar.

Esa luz, la que tanto me hacía falta, podía representar los talentos y capacidades que cada uno tenemos y muchas veces no sabemos utilizar. Esos que, dependiendo de la manera en que los utilicemos, pueden permitirnos brillar en la vida.

Tenía una misión sencilla, que era bañarme, y con una buena guía, luz en el camino y avanzando hacia la meta (aun con miedo), pude lograr el objetivo.

Por eso es tan importante brillar. Hay muchos caminos oscuros. Pero la luz que emite la sabiduría nos hace avanzar y conseguir las metas y objetivos en nuestra vida. Nadie dijo que iba a ser fácil o que no no iba haber miedo de por medio, pero aun con miedo decidimos avanzar y seguir adelante.

Cada uno de nosotros tiene luz propia, que hay que utilizar para disipar las tinieblas y poder caminar firme hacia un futuro mejor.

Brilla en esta sociedad siendo un ejemplo de vida.
Brilla en tu vida desarrollando tus sueños.
Brilla en tu familia siendo el mejor.

Es tiempo de brillar.

¿Qué fue lo que aprendiste de la historia?

_____
_____
_____
_____
_____
_____
_____

¿Cómo se puede aplicar este pensamiento en tu vida?

_____

_____

_____

_____

_____

_____

_____

¿Cuál es tu quinta perla de oro?

_____

_____

_____

_____

_____

_____

_____

PERLA DE ORO #6

Piensa, cree, sueña, atrévete
Los pensamientos de Walt Disney

Haber leído cada pensamiento y haber conocido la historia de este famoso hombre llamado Walt Disney, ha sido bien interesante para mí. Sobre todo por ser alguien que empezó de la nada y hoy día es uno de los personajes de mayor inspiración y éxito en el mundo.

PIENSA:
Nada cuesta pensar. Del pensamiento vienen todas las ideas maravillosas y millonarias que pueden cambiar la vida de las personas.

CREE:
La única manera de tomar acción para conseguir lo que quieres es creyendo que se puede hacer realidad.

SUEÑA:
Un sueño es un simple pensamiento convertido en pasión, que te motiva a luchar por lo que deseas.

ATRÉVETE:
Es la parte final del sueño. Cuando decides tomar acción para que ese sueño que está en tu mente se haga realidad.

Son maravillosos todos los consejos de este libro. Si hoy decides aplicarlos te garantizo éxito en la vida.

¿Qué fue lo que aprendiste de la historia?

_____
_____
_____
_____
_____
_____
_____

¿Cómo se puede aplicar este pensamiento en tu vida?

_____
_____
_____
_____
_____
_____
_____

¿Cuál es tu sexta perla de oro?

_____
_____
_____
_____
_____
_____
_____

PERLA DE ORO #7

Ilusión, esfuerzo, coraje, determinación, sacrificio
¿Cómo se construyó el Canal de Panamá?

Tuve la maravillosa oportunidad de ir a este hermoso país por asuntos de negocios. Estando allí, muchas personas me dijeron que si viajaba y no visitaba su canal estaba haciendo un trayecto incompleto. Fue por esa razón que me animé a conocerlo, y la verdad, fue bien emocionante.

Fue maravilloso ver el canal concluido, apreciar sus alrededores y todo lo que ese lugar representa para Panamá. Estando allí me preguntaba, cuáles habrían sido los valores y principios que se aplicaron para que un grupo de hombres de diferentes nacionalidades, culturas, idiomas pudieran hacer ese hermoso proyecto. Algo que yo mismo, en medio de la reflexión, contesté:

Ilusión   Perseverancia
Esfuerzo   Espíritu de lucha
Coraje   Empeño
Determinación   Sacrificio

Estos fueron los principios que ellos utilizaron para hacer este proyecto tan grande y maravilloso que tú mismo puedes tomar como ejemplo para cumplir y lograr todos tus sueños.

36

¿Qué fue lo que aprendiste de la historia?

_____

_____

_____

_____

_____

_____

¿Cómo se puede aplicar este pensamiento en tu vida?

_____

_____

_____

_____

_____

_____

¿Cuál es tu séptima perla de oro?

_____

_____

_____

_____

_____

_____

PERLA DE ORO #8

Ser productivo o improductivo para la humanidad

¿Qué tipo de persona soy?

Viendo una película de guerra sobre cómo un hombre experto en traficar armamento manejaba grandes cantidades de dinero y, con eso, contaminaba todo lo que estaba a su alrededor, determiné un análisis: ¿qué estoy haciendo hoy para que el lugar donde vivo sea mejor?

Reflexioné sobre esto; en darme cuenta qué puedo hacer para que mi comunidad sea mejor, para que sea un lugar donde se pueda vivir en paz, poder ver crecer a mis hijos llenos de vida y sin temor a que algo malo les pueda pasar.

Quiero ser un ejemplo de vida para esta sociedad. Quiero poder ser señalado como una persona exitosa y un modelo a seguir. Quiero que se diga que sostuve mi vida a través de fuertes valores para salir adelante.

Esa es una misión que debemos plantearnos todos. Ser modelos que inspiren a otros hacia el camino del éxito.

¿Qué fue lo que aprendiste de la historia?

_____

_____

_____
_____
_____
_____
_____

¿Cómo se puede aplicar este pensamiento en tu vida?

_____
_____
_____
_____
_____

¿Cuál es tu octava perla de oro?

_____
_____
_____
_____
_____

PERLA DE ORO #9

Deja que tus sueños se hagan realidad
Diseñados para triunfar

Tres años antes de escribir mi primer libro titulado *Diseñados para triunfar*, me ocurrió algo. Una anécdota interesante que considero muy oportuna para compartir en este capítulo.

Entré a una librería y pregunté si alguien me podía atender. Se acercó una joven que, muy amablemente, me preguntó cómo me podía ayudar. Rápidamente contesté: «Por favor, señorita. Necesito que me busque el nombre de un libro que es maravilloso y va a cambiar mi vida». Ella me preguntó el nombre del ejemplar para comenzar con la búsqueda y, minutos después, me dijo que el maravilloso libro no estaba.

Yo me sonreí y le dije: «Perdón. No lo va a conseguir porque todavía no lo he terminado de escribir, pero estoy seguro que pronto lo tendrán en sus vitrinas».

Vamos, es hora de dejar que tus sueños se hagan realidad. No importa si no tienes dinero o apoyo siempre que creas que puedes cumplir todo lo que te propongas.

¿Qué fue lo que aprendiste de la historia?

_____

_____

_____

_____

_____

_____

_____

¿Cómo se puede aplicar este pensamiento en tu vida?

_____

_____

_____

_____

_____

_____

_____

¿Cuál es tu novena perla de oro?

_____

_____

_____

_____

_____

_____

_____

PERLA DE ORO

La moral alta en el hogar
Familia exitosa

No es necesario que usted tenga el poder de un presidente o la capacidad de un atleta olímpico para practicar la ley de la moral alta. Puede aplicar el principio a su negocio, a su servicio voluntario o, incluso, a su familia.

Cuando la ley de la moral alta está funcionando en su más alto nivel, el liderazgo, el equipo levantan la moral del líder. Así es como debe ser. Nada duele cuando se está ganando.

Deseo hablar ahora de un equipo cuyos miembros se inspiran y se levantan continuamente unos a otros, hasta el punto de que su moral es alta y se mantienen victoriosos a pesar del dolor que sienten. Ese equipo está conformado por Dick Hoyt y su hijo Rick.

Cuando Rick Hoyt nació en 1962, sus padres tenían las típicas esperanzas de ser padres por primera vez. Pero entonces supieron que, durante el nacimiento de su hijo, el cordón umbilical se le había enredado en el cuello impidiendo la llegada de oxígeno al cerebro. Más tarde le diagnosticaron parálisis cerebral a Rick. Su padre recuerda: «Cuando el niño tenía ocho meses de edad, los doctores nos dijeron que lo debíamos apartar, pues sería un vegetal toda la vida». Pero los padres de Rick no hicieron eso, decidieron criarlo como a cualquier otro niño.

Criar a Rick como un niño normal fue a veces una tarea difícil. Él es tetrapléjico y, adicionalmente, no puede hablar, ya que tiene limitado su control de la lengua. Sin embargo, sus padres trabajaron en él, enseñándole todo lo que podían e incluyéndolo en las actividades familiares.

A los diez años de edad, la vida de Rick cambió. Unos ingenieros de la Universidad Tufts inventaron un aparato que lo capacitaba para comunicarse a través de una computadora.

Las primeras palabras que, de forma muy lenta y concienzuda, tecleó fueron: «Adelante Bruins». En ese momento la familia, que estaba siguiendo las finales de la NHL con los Bruins de Boston, descubrió que Rick era un fanático del deporte.

En 1975, después de una larga batalla, la familia finalmente pudo ingresar a Rick en la escuela pública donde se distinguió a pesar de sus limitaciones físicas. Su mundo estaba cambiando y cambiaría aún más en los dos años siguientes.

Rick supo que se realizaría una carrera de cinco kilómetros para recaudar fondos y ayudar a un atleta que había quedado paralizado en un accidente; entonces, le comentó a su padre que deseaba participar.

Dick, quien era teniente coronel jubilado de la Guardia Aérea Nacional, se acercaba a los cuarenta años y no estaba en forma. Sin embargo, aceptó correr y empujar a su hijo en una silla de ruedas modificada. Dick recuerda que, cuando cruzaron de penúltimo lugar la línea de llegada, su hijo tenía en el rostro «la sonrisa más grande que usted habría visto en su vida». Después de la carrera, el muchacho escribió este simple mensaje: «Papá, me siento como si no fuera un minusválido». A partir de ese día, sus vidas no volverían a ser las mismas.

No importa las limitaciones que creas tener. Nunca nada es tan grave como para no lograr lo que te propongas. Mantén tu moral y la de tu familia siempre en alto.

¿Qué fue lo que aprendiste en la historia?

_____
_____
_____
_____
_____
_____
_____

¿Cómo se puede aplicar este pensamiento en tu vida?

_____
_____
_____
_____
_____
_____
_____

¿Cuál es tu décima perla de oro?

_____
_____
_____
_____
_____
_____
_____

Más tecnología, menos comunicación
La noche sin luz

Cuando trabajé de mentor deportivo para un equipo de baloncesto profesional en mi país, Venezuela, tuve una serie de experiencias maravillosas producto de compartir muy de cerca con cada miembro del equipo.

Fue interesante conocer a través del contacto con los jugadores y el resto del personal del equipo cómo la tecnología, en lugar de aumentar la comunicación, la disminuía. Algo realmente llamativo para mí al trabajar como mentor deportivo.

Esta situación se percibió en particular el último día de mi labor con ellos. Al terminar la temporada, nos encontrábamos en el hotel recogiendo las cosas cuando de pronto hubo un problema en el área eléctrica. Los transformadores se recalentaron, se produjo un cortocircuito y esto provocó que fallara la energía durante toda la noche.

Esto fue muy interesante, ya que ocasionó algo que en mucho tiempo no había ocurrido. Todos salieron de sus habitaciones al *lobby* del hotel y comenzaron simplemente a compartir y conversar. Contaron historias de todo tipo, experiencias de vida y más.

Fue una noche maravillosa por las risas, el contacto y porque logramos conocer el lado más humano de cada uno, resolviendo incluso, algunas diferencias. Con las computadoras apagadas, los teléfonos descargados y sin TV por cable, todos se vieron obligados a buscar otro tipo de interacción.

Por eso es importante aprender que la tecnología hay que valorarla, pero también tener cuidado con ella. Una cosa es disfrutarla y otra, convertirte en un esclavo, ya que esto puede ocasionar que te pierdas momentos valiosos con tu familia, amigos y otras personas que son importantes para ti.

¿Qué fue lo que aprendiste de la historia?

_____
_____
_____
_____
_____
_____

¿Cómo se puede aplicar este pensamiento en tu vida?

_____
_____
_____
_____
_____
_____

¿Cuál es tu decimoprimera perla de oro?

_____
_____
_____
_____
_____
_____

PERLA DE ORO #12

Lo voy a intentar
Vamos, arriésgate

Normalmente la mayoría de las personas se toman un tiempo para meditar en algún momento, pensar y percibir hacia dónde se dirigen, evaluar la cantidad de sueños que aún les falta por hacer realidad y cómo llevarlos a cabo.

Muchas veces, esto puede provocar miedo, tristeza o depresión, porque puede conducir a evidenciar un panorama que quizá luzca nada halagüeño y no tan sencillo.

A pesar de ello, es importante mantener la fe intacta. Es necesario combatir con ese sentimiento negativo que penetra todo tu cuerpo.

Tener claro que tal vez exista miedo, tal vez sea complicado, pero no por eso hay que darse por vencido. Siempre es importante intentarlo antes que todo.

Un día lo voy a lograr. Voy a construir mi propia familia. Voy a lograr el éxito laboral. Voy a alcanzar todas mis metas. Un día voy a poder mirar a mis nietos a los ojos y decirles que lo que conseguí fue producto de mi valentía, mis ganas y mi fuerza de voluntad.

Es mejor intentarlo y fallar, a no lograr nada por no atreverte.

¡Vamos, arriésgate!

¿Qué fue lo que aprendiste de la historia?

_____
_____
_____
_____
_____
_____
_____

¿Cómo se puede aplicar este pensamiento en tu vida?

_____
_____
_____
_____
_____
_____
_____

¿Cuál es tu decimosegunda perla de oro?

_____
_____
_____
_____
_____
_____
_____

PERLA DE ORO #13

La fidelidad de un amigo
Bobby de Greyfriars

Según cuenta la historia, hacia 1850 John Grey se radica en Edimburgo (Escocia) con su esposa e hijo en busca de un futuro mejor. Jardinero de profesión, la dura situación económica lo lleva a unirse a la policía de Edimburgo como vigilante nocturno.

Luego de algunos años, la familia Grey adopta al pequeño Bobby, un Skye Terrier que, con el tiempo, se convertiría en su inseparable compañero.

John, que padecía de tuberculosis desde hace mucho tiempo, falleció el 15 de febrero de 1858, y fue sepultado en los terrenos adyacentes a la iglesia de Greyfriars.

Durante los catorce años siguientes a la muerte de su amo, Bobby se negó a alejarse de la iglesia, aún en las épocas de clima más riguroso. Los vecinos, sensibilizados por la increíble lealtad de Bobby, lo alimentaron y construyeron para él un refugio en los terrenos de la iglesia, a pesar que los perros no eran permitidos en el sector de las sepulturas.

En 1867, debido al creciente número de perros que vagaban, las autoridades de la ciudad aprobaron una norma que obligaba a registrar todos los perros de Edimburgo, y los que no fueran registrados, serían eliminados.

Sir William Chambers (Lord Provost of Edinburgh) decidió pagar la licencia de Bobby, y le hizo un collar con una placa de bronce con la leyenda «Greyfriars Bobby, from the Lord Provost - 1867 - Licensed», actualmente en exhibición en el Museo de Edimburgo.

Luego de la muerte de Bobby en 1872, la baronesa Ángela Georgina Burdett-Coutts, profundamente conmovida por la historia, encargó al artista local William Brody una escultura que fue emplazada en 1873 frente a la iglesia de Greyfriars.

Los restos de Bobby están sepultados a escasos metros de los de su amo.

Mantén a tu lado a las personas que son fieles. Cuídalas y valóralas. Esos son los únicos que estarán contigo incluso después de la muerte.

¿Qué fue lo que aprendiste de la historia?
_____
_____
_____
_____
_____
_____
_____

¿Cómo se puede aplicar este pensamiento en tu vida?
_____
_____
_____
_____
_____
_____
_____

¿Cuál es tu decimotercera perla de oro?

_____

_____

_____

_____

_____

_____

_____

Es hora de confiar
El equilibrista

En la ciudad de Nueva York se han construido dos rascacielos impresionantemente altos, a treinta metros de distancia uno del otro. Un famoso equilibrista tendió una cuerda en la cúspide de estos edificios gemelos con el fin de pasar caminando sobre ella. Antes, dijo a la multitud expectante: «Me subiré y cruzaré sobre la cuerda, pero necesito que ustedes crean en mí y tengan confianza en que lo voy a lograr». «Claro que sí», respondieron todos al mismo tiempo.

Subió por el elevador, y ayudándose de una vara de equilibrio, comenzó a pasar de un edificio a otro sobre la cuerda floja.

Habiendo logrado la hazaña, bajó y dijo a la multitud que le aplaudía emocionada: «Ahora voy a pasar por segunda ocasión, pero sin la ayuda de la vara. Por tanto, más que antes, necesito su confianza y su fe en mí». El equilibrista subió por el elevador y luego comenzó a cruzar lentamente de un edificio hasta el otro. La gente estaba muda de asombro, y aplaudía.

Entonces el equilibrista bajó y, en medio de las ovaciones, por tercera vez dijo: «Ahora pasaré por última vez, pero será llevando una carretilla sobre la cuerda... necesito más que nunca, que crean y confíen en mí». La multitud guardaba un tenso silencio. Nadie se atrevía a creer que fuese posible.

«Basta que una sola persona confíe en mí y lo haré», afirmó el equilibrista.

Entonces uno de los que estaba atrás gritó: «Sí, sí, yo creo en ti; tú puedes. Yo confío en ti...».

El equilibrista, para certificar su confianza, le retó: «Si de veras confías en mí, vente conmigo y súbete a la carretilla...».

La confianza alimenta al ser. Es importante que tengas seguridad en ti y te rodees de personas positivas que te impulsen, no que te estanquen. No esperes más. Atrévete a subirte a tu propia carretilla.

¿Qué fue lo que aprendiste de la historia?

_____
_____
_____
_____
_____
_____
_____

¿Cómo se puede aplicar este pensamiento en tu vida?

_____
_____
_____
_____
_____
_____

¿Cuál es tu decimocuarta perla de oro?

_____
_____
_____
_____
_____
_____

Nada es imposible
El pequeño milagro

Este es un bebé maravilloso y luchador al que la vida desde el principio no le fue nada fácil, pero a pesar de todo, pudo salir adelante.

Sólo tiene cuatro meses y ya superó su primera prueba: sobrevivir a una de las peores catástrofes que probablemente permanecerá como eco a lo largo de su existencia. Permaneció entre lodo y bajo escombros durante tres días, hasta que los equipos de rescate lo encontraron en el devastado pueblo de Ishinomaki.

Los miembros del Ejército, iban casa por casa destruida recuperando los cuerpos de los cientos de hombres y mujeres enterrados bajo el tsunami que se produjo tras el terremoto del viernes.

Pocas eran las esperanzas de encontrar a alguien con vida entre tanta destrucción. Sin embargo, en uno de los registros se escuchó el llanto de una niña deshidratada, con hipotermia, pero viva.

La cogieron de los brazos, la envolvieron en una manta y la acunaron. Los soldados no se lo creían. ¿Cómo podía haber sobrevivido? Era un milagro. Buscaron a su padre y lo encontraron junto a los escombros de su hogar. Todo lo que en un segundo le había destrozado y arrasado el devastador terremoto, lo recuperó al reunirse con la que ya se denomina el pequeño milagro.

Si no te esfuerzas hasta el máximo, ¿cómo sabrás dónde está tu límite?

Usa tu imaginación no para asustarte, sino para inspirarte a lograr lo inimaginable.

Si tenemos fe, podremos ver aquello que es «imposible» hecho realidad.

La vida está hecha de pequeños milagros.

No te rindas, por favor no cedas, aunque el frío queme, aunque el miedo muerda, aunque el sol se esconda y se calle el viento, aún hay fuego en tu alma, aún hay vida en tus sueños. Porque la vida es tuya y tuyo también el deseo, porque cada día es un comienzo nuevo, y un día bueno para un milagro.

Porque esta es la hora y el mejor momento.

¿Qué fue lo que aprendiste de la historia?

_____
_____
_____
_____
_____
_____
_____

¿Cómo se puede aplicar este pensamiento en tu vida?

_____

_____

_____

_____

_____

_____

_____

¿Cuál es tu decimoquinta perla de oro?

_____

_____

_____

_____

_____

_____

_____

El amor todo lo puede
¿Quién era Nicholas Winton, el hombre que salvó a casi 700 niños?

En 1938, Nicholas Winton, hijo de padres judíos, trabajaba como corredor de bolsa en Londres. Pero tras la ocupación nazi de Praga, Winton decidió abandonar su trabajo y dedicar todos sus esfuerzos en rescatar a niños judíos de la capital checa.

Su plan consistió en enviarlos a Reino Unido, donde convenció a las autoridades de que los dejasen entrar pese a no tener todos sus documentos en regla. Una vez allí, Winton —quien falleció en 2015— consiguió un grupo de familias que le darían albergue a los niños.

Gracias a sus acciones, 669 niños sobrevivieron al Holocausto. Pocos conocían la proeza de Winton, hasta que una presentadora de televisión hizo públicos sus esfuerzos en 1988. Esta semana, Londres celebró su nacimiento con un servicio especial en el que participaron 28 de los niños que le deben la vida.

El Schindler británico, Nicholas Winton, murió a los 106 años.

Nunca te rindas. La constancia es el mejor camino hacia el triunfo. Vete de este mundo con la satisfacción de haber hecho todo por ayudar a los demás a conseguir sus sueños.

¿Qué fue lo que aprendiste de la historia?

_____
_____
_____
_____
_____
_____
_____

¿Cómo se puede aplicar este pensamiento en tu vida?

_____
_____
_____
_____
_____
_____
_____

¿Cuál es tu decimosexta perla de oro?

_____
_____
_____
_____
_____
_____
_____

Si quieres ir rápido, ve solo; si quieres ir lejos, ve acompañado
El equipo ganador

Hay una diferencia grande entre querer surgir solo y tener un grupo de personas para apoyarte. Dentro de todos los medios y los recursos que vas a necesitar para hacer tus sueños realidad, armar un equipo será lo más importante. También, contar con compañeros a los que puedas transmitirle tu visión y que sigan tu misma línea.

Muchos emprendedores son lo que son por las personas con las que cuentan. Los deportes como el fútbol, el béisbol y el baloncesto, dependen del funcionamiento colectivo; pocas veces la individualidad logra los éxitos.

Así que ten ánimo. Piensa cómo enamorar a tu entorno de confianza para que crea en ti, en tus ideales.

Si quieres ir rápido y hacer un mal trabajo, ve solo, pero si quieres lograr una gran visión, grandes éxitos y llegar lejos, ¡vamos! te invito a trabajar en equipo.

¿Qué fue lo que aprendiste de la historia?

_____
_____
_____
_____
_____
_____
_____

¿Cómo se puede aplicar este pensamiento en tu vida?

_____
_____
_____
_____
_____
_____
_____

¿Cuál es tu decimoséptima perla de oro?

_____
_____
_____
_____
_____
_____
_____

UN POCO DE INSPIRACIÓN

Los campeones están dispuestos a hacer cosas que odian,
para tener cosas que aman.
MIKE MURDOCK

Cuando quieres alguna cosa,
todo el universo conspira para que la consigas.
PAULO COELHO

Por envejecer no se deja de reír;
pero dejar de reír te hace envejecer.
BALZAC

Del mismo modo que no tenemos derecho a consumir riqueza
sin producirla, tampoco lo tenemos a consumir felicidad
sin producirla.
GEORGE BERNARD SHAW

Para darse por satisfecho con lo sencillo
se necesita un alma grande.
ARTURO GRAF

Mil árboles que crecen hacen menos ruido
que un árbol que se derrumba.
PROBERBIO JAPONÉS

Muchas personas se pierden las pequeñas alegrías mientras
aguardan la gran felicidad.
PEARL S. BUCK

Defiende tu capacidad para soñar

'Sugar' Ray Leonard

Uno de los boxeadores más legendarios de la historia, el estadounidense 'Sugar' Ray Leonard, siempre ha dicho que la clave de sus glorias en el deporte estuvo relacionada con sus sueños, sobre todo con el de ser un gran héroe.

> *«Fue un día difícil aquel cuando mi maestro de primaria nos preguntó qué queríamos ser de grandes. Yo lo tenía claro y cuando lo dije, todos los chicos se burlaron. Era normal porque yo soñaba ser un superhéroe y ahí empezó todo».*

'Sugar' siempre enfatizó la importancia de tener sueños para poder lograr las metas, pero especialmente deben estar acompañados de mucho trabajo. Sea levantarse a entrenar a las cinco de la mañana, si se trata de un boxeador, o llegar una hora antes a la oficina, en caso de ser un empresario.

Al hablar de su experiencia de vida, Ray siempre recordaba que nadie nace campeón mundial de boxeo, ni tampoco cirujano, y que era importante ser perseverante y muy positivo, e hizo un comparativo entre los éxitos en la vida.

> *«He visto a los ojos del panameño Roberto Durán y me ha pegado fuerte; y alguna vez mi hijo me pidió ayuda en la tarea de matemáticas y hacerlo fue una victoria igual».*

No importa cuántos NO recibas en tu vida. Nunca dejes de defender tu capacidad para soñar y cumplir lo que siempre has querido.

¿Qué fue lo que aprendiste de la historia?

_____
_____
_____
_____
_____
_____
_____

¿Cómo se puede aplicar este pensamiento en tu vida?

_____
_____
_____
_____
_____
_____

¿Cuál es tu decimoctava perla de oro?

_____
_____
_____
_____
_____
_____

Todo tiene su hora
Momentos

Un momento para nacer, y un momento para morir.
Un momento para plantar,
y un momento para arrancar lo plantado.
Un momento para matar, y un momento para curar.
Un momento para destruir,
y un momento para construir.
Un momento para llorar, y un momento para reír.
Un momento para estar de luto,
y un momento para estar de fiesta.
Un momento para esparcir piedras,
y un momento para recogerlas.
Un momento para abrazarse,
y un momento para separarse.
Un momento para intentar, y un momento para desistir.
Un momento para guardar, y un momento para tirar.
Un momento para el amor, y un momento para el odio.
Un momento para la guerra, y un momento para la paz.

En esta vida hay tiempo para todo. Por eso es importante valorar cada experiencia y aprovecharla al máximo. Esto te hará cuidar más tus acciones y llegar a ser una persona de éxito.

¿Qué fue lo que aprendiste del pensamiento?

_____

_____

_____

_____

_____

_____

_____

¿Cómo se puede aplicar este pensamiento en tu vida?

_____

_____

_____

_____

_____

_____

¿Cuál es tu decimonovena perla de oro?

_____

_____

_____

_____

_____

_____

Siempre se puede ayudar
¿Qué haría este mundo sin mí?

Él estaba en un momento crítico de su vida. No tenía empleo, su esposa lo había abandonado, lo corrieron del alquiler de su casa, y por si fuese poco no le quedaba nada de dinero. Entonces decidió comprar una soga para quitarse la vida. Sabía que era poco importante para muchas personas; por tanto, si decidía dejar de existir, nadie notaría la diferencia.

Así que compró lo soga y se fue de camino a su casa. Pero de pronto, pasó algo inesperado, alguien venía gritando y lo llamó: «Usted, sí, usted, el que lleva en la bolsa una soga, por favor, necesito su ayuda, venga conmigo».

De pronto, la otra persona tomó la soga y la lanzó en un árbol. Era un gatico que estaba allí, el de su única hija. Al rescatarlo, el hombre, muy agradecido, le dio un dinero por la labor que había hecho.

Así, siguió caminando con la soga —pensando que quizá había sido un golpe de suerte—, y decidido a seguir con el plan de quitarse la vida, hasta que una mujer lo llamó con urgencia y le dijo: «¡Señor, por favor! ¿Puede ayudarme? Necesito esa soga; hay un niño que se ha caído en un pozo y se está ahogando».

El hombre al escuchar eso corrió y lanzó la soga para rescatar al niño. Todos estaban felices por lo que había hecho y lo aplaudían como un héroe.

Esto hizo que reflexionara: «Qué haría este mundo sin mí. De verdad, hay gente que puede necesitarme».

Así comenzó a entender el valor que tiene la vida. Y la importancia que tiene vivir no solo para uno mismo, sino por lo que podamos hacer por los demás.

> *A veces en los momentos más difíciles de tu vida puedes sentir que no vale la pena seguir. Pero es importante que te des cuenta, que así estés en el momento de mayor crisis, puedes ser útil para quien esté a tu alrededor.*

¿Qué fue lo que aprendiste de la historia?

_____
_____
_____
_____
_____
_____

¿Cómo se puede aplicar este pensamiento en tu vida?

_____
_____
_____
_____
_____
_____

¿Cuál es tu vigésima perla de oro?

_____
_____
_____
_____
_____
_____

PERLA DE ORO #21

Conociendo mi punto límite
Todo es cuestión de actitud

Cada día aparecen diferentes problemas y situaciones en nuestra vida que son difíciles de controlar. Por eso es importante tener fuerza y buena sintonía para poder manejar estas experiencias, ya que todos tenemos la capacidad para afrontar momentos complicados, aunque tarde o temprano, llega un día en que la vida nos lleva a un punto límite.

Solo basta que llegue una situación adversa, un problema o una crisis, para ajustar todas las reservas mentales positivas que hay en tu vida. Es en ese momento es que logras saber de qué estás hecho.

Es importante hacer crecer nuestro carácter y cultivar nuestro mundo interior. Prepararnos para cualquier situación, problema o crisis, para no caer en tentación. El creador nos ha hecho con un potencial inmenso para sobreponernos a cualquier cosa.

Cuando llegues a tu punto límite, saca las reservas, actitud y fuerza que estén dentro de ti y así serás una persona de éxito.

¿Qué fue lo que aprendiste de la historia?

_____

_____

_____

_____

_____

_____

_____

¿Cómo se puede aplicar este pensamiento en tu vida?

_____

_____

_____

_____

_____

_____

¿Cuál es tu vigesimoprimera perla de oro?

_____

_____

_____

_____

_____

_____

Te prohíbo que te rindas
Creo en ti

Algunas mañanas nos levantamos viendo el mundo al revés, pensando negativamente. Quizás por algún problema sentimental, financiero o posiblemente problemas del pasado. Por lo general, son esos días en los que no nos provoca luchar y pensamos que los sueños no se van a hacer realidad.

Pero, te tengo buena noticia. Quizá este momento oscuro sea ideal para luchar un poco más. Para lograr tus metas. ¡Vamos!, solo falta un poco. ¡Te prohíbo que te rindas!

Nunca es tarde para ser lo que siempre has querido ser. Eres único, llegaste de primero, tienes mucho potencial, y eres el mejor. Desarrolla lo mejor de ti.

Creo en ti y en todos tus sueños, y creo en que serás un ganador.

¿Qué fue lo que aprendiste de la historia?

_____
_____
_____
_____
_____
_____
_____

¿Cómo se puede aplicar este pensamiento en tu vida?

_____
_____
_____
_____
_____
_____

¿Cuál es tu vigesimosegunda perla de oro?

_____
_____
_____
_____
_____
_____

PERLA DE ORO

Solo es cuestión de tiempo
El éxito en tres pasos

Qué maravilloso es ver el triángulo de mi vida y analizar cuánto he podido conseguir el día de hoy.

Saber dónde estoy, me da un ángulo real de lo que soy capaz de realizar. Mirar atrás y reflexionar de dónde vengo me hace ser consciente de todas las posibilidades que tengo y de todo lo que pude haber perdido si me hubiese dado por vencido en algún momento de mi vida.

Hoy he podido ver de qué estoy hecho, pues, todos los problemas que viví me hicieron resistente y mucho más fuerte de lo que era.

Muchas veces, cuando evidencias dónde te encuentras hoy, sin percibir los frutos de tanto trabajo, puedes llegar a desalentarte.

Por eso, es importante mantenerte tranquilo y recordar todo el camino recorrido. Así como tener claro que, aunque no tengas mucho, la pasión, el amor y el deseo por conseguir tus sueños te darán el empuje necesario para conseguir tus objetivos.

Ese es el motor que tiene que mover tu vida.
La esperanza de abrir tus ojos cada día y saber
que, aunque aún no se ha materializado tu sueño,
tienes claro a dónde vas a llegar, que solo es
cuestión de días.

¿Dónde estoy?   **¿De dónde vengo?**   **¿Hacia dónde voy?**

¿Qué fue lo que aprendiste de la historia?

_____
_____
_____
_____
_____
_____
_____

¿Cómo se puede aplicar este pensamiento en tu vida?

_____
_____
_____
_____
_____
_____

¿Cuál es tu vigesimotercera perla de oro?

_____
_____
_____
_____
_____
_____

Cree en el amor
Amor de madre

Después de un incendio forestal en el Parque Nacional de Yellowstone, los guardabosques iniciaron una larga jornada montaña arriba para valorar los daños.

Un guardabosque encontró un pájaro literalmente petrificado en cenizas, posado cual estatua en la base de un árbol. Un poco asombrado por el espeluznante espectáculo, dio unos golpecitos al pajarillo con una vara.

Cuando lo hizo, tres diminutos polluelos se escabulleron bajo las alas de su madre ya muerta.

La madre, en su afán de impedir el desastre, había llevado a sus hijos a la base del árbol y los había acurrucado bajo sus alas, instintivamente conociendo que el humo tóxico ascendería.

Ella podía haber volado para encontrar su seguridad, pero se había negado a abandonar a sus crías. Cuando las llamas llegaron y quemaron su pequeño cuerpo, permaneció firme porque había decidido morir para que aquellos que estaban bajo sus alas pudiesen vivir.

Esta historia nos muestra lo fuerte que es el amor y el instinto de una madre, y lo importante que es creer en él. En el amor de quienes te quieren, y sobre todo en el amor del creador de la vida. Este nunca te decepcionará.

¿Qué fue lo que aprendiste de la historia?

_____

_____

_____

_____

_____

_____

_____

¿Cómo se puede aplicar este pensamiento en tu vida?

_____

_____

_____

_____

_____

_____

_____

¿Cuál es tu vigesimocuarta perla de oro?

_____

_____

_____

_____

_____

_____

_____

Vive tu vida al máximo
Te deseo lo suficiente

Estando en un aeropuerto, escuché conversar a un padre con su hija en sus últimos momentos juntos. Se anunciaba la salida del vuelo de ella y junto a la puerta le decía: «Papi, nuestra vida juntos ha sido más que suficiente. Tu amor es todo lo que siempre necesité. Te deseo lo suficiente a ti también». Se dieron un beso de despedida y ella partió.

Él caminó hacia la ventana donde yo estaba sentado. Ahí, de pie, yo podía ver que quería y necesitaba llorar. Intenté no ser un intruso en su privacidad, pero él me preguntó:

— ¿Alguna vez dijo adiós sabiendo que será para siempre?
—Sí, lo he hecho. Perdone por preguntar, pero ¿por qué este es un adiós para siempre?
—Soy viejo y ella vive muy lejos, tengo desafíos por delante y la realidad es que su próximo viaje de vuelta será para mi funeral.
—Cuando decía adiós le escuché decir algo significativo: «Te deseo lo suficiente». Pudiera preguntarle ¿qué significa?
Empezó a sonreír.
—Ese es un deseo que ha pasado de generación en generación. Mis padres lo decían a cualquiera —hizo una pausa por un momento y, volteando hacia arriba como tratando de recordar en detalle, sonrió una vez más—. Cuando nosotros decimos «Te deseo lo suficiente», estamos deseándole a la otra persona que tenga una vida llena de suficientes cosas buenas que lo sostengan.

Y luego, volteando hacia mí, me compartió lo siguiente como recitándolo de memoria:

Te deseo el suficiente sol para mantener tu actitud brillante. Te deseo la suficiente lluvia para apreciar más el sol. Te deseo la suficiente felicidad para mantener tu espíritu vivo. Te deseo el suficiente dolor para que los pequeños placeres de la vida parezcan más grandes. Te deseo la suficiente ganancia para satisfacer tus deseos. Te deseo la suficiente pérdida para apreciar todo lo que posees. Te deseo los suficientes «holas» para que te lleven a través del «adiós final».

Entonces, empezó a sollozar y se alejó.

A ti, lector, ¡te deseo lo suficiente! Dicen que «toma un minuto encontrar a una persona especial, una hora para apreciarla, un día para amarla, pero una vida entera para olvidarla». Vive al máximo tu vida y cumple todos tus sueños.

¿Qué fue lo que aprendiste de la historia?

_____
_____
_____
_____
_____
_____

¿Cómo se puede aplicar este pensamiento en tu vida?

_____
_____
_____
_____
_____
_____

¿Cuál es tu vigesimoquinta perla de oro?

_____

_____

_____

_____

_____

_____

_____

PERLA DE ORO

Piensa en grande
¿Cómo se creó McDonald's?

El primer local en la historia del servicio rápido de comidas fue inaugurado por los hermanos McDonald en 1948, en San Bernardino, California, (EE.UU.). Ellos le dieron una nueva dirección al negocio. Ofrecieron comida preparada y servida a alta velocidad; además, modernizaron el sistema de la época: reemplazaron el lavavajillas por servilletas y bolsas de papel.

Un menú limitado y un alto volumen de ventas caracterizaron el éxito del nuevo restaurant.

Ray Kroc, para entonces proveedor de la máquina mezcladora de malteadas, sorprendido por la cantidad de «Multi-mixers» solicitadas, visitó a los hermanos McDonald en 1954. Les propuso abrir más lugares como ese.

Por tanto, en 1955 se inauguró el primer local de la Corporación a cargo de Ray Kroc. Entre las décadas de los cincuenta y los sesenta, Ray Kroc y su equipo gerencial establecieron la exitosa filosofía operativa del Sistema McDonald's: calidad, servicio, limpieza y valor.

En la actualidad son más de 26.000 establecimientos, 126 los países en el mundo y cinco los continentes en donde se alzan los Arcos Dorados que venden unas 145 hamburguesas por segundo.

Su éxito es muy grande; de hecho, es la empresa comercial para clientes al menudeo más rentable de Estados Unidos desde hace diez años. Y está creciendo rápidamente, abriendo un promedio de tres a ocho locales por día en el mercado internacional.

En todo el mundo, sus locales —sin excepción alguna— ofrecen un menú estándar y, según el país donde se encuentre, desarrollan productos especiales que se ajustan al gusto de cada comunidad. Por ejemplo, en los restaurantes en Extremo Oriente se sirven fideos orientales. En Canadá, el menú incluye queso, verduras, salchichas y pizzas.

Los alimentos se preparan de acuerdo con las leyes locales. Por ejemplo, en los menús de los países árabes se cumplen las leyes islámicas de preparación de alimentos al igual que en Israel con la cultura kosher judía, en el cual no se sirven productos lácteos.

El responsable de este logro es Ray Kroc, un desconocido vendedor de batidoras para hacer helados. Después de haber pasado por infinidad de oficios, recibe un día un pedido importante de parte de una cadena de restaurantes de California del Sur de la que jamás había oído hablar.

A raíz de la importancia de este pedido, decide ir personalmente a operar con su cliente. Allí observó la multitud que entraba y salía de aquel pequeño negocio de los hermanos McDonald, que vendían hamburguesa a $0,15.

Lo que allí se servía era sencillo y barato: hamburguesas, papas fritas y batidos de leche. Después de varias conversaciones con los exitosos hermanos, acordó la «franquicia» para habilitar nuevas bocas de expendio. Conforme con el acuerdo, Kroc debía cobrar el 1,9 % de los ingresos netos de cada concesión y la cuarta parte de sus ingresos pasaría a los hermanos McDonald.

Este ambicioso hombre de negocios en 1954 construyó su primer servicio McDonald´s cerca de la carretera de Des Plaines, en un suburbio de Chicago. El lugar estuvo lleno desde el primer momento que abrió.

Los habitantes del Medio Oeste apreciaban la posibilidad de ir a un McDonald's y poder alimentarse rápidamente sin bajarse del auto.

Alentado por este éxito, se extendió por las carreteras más importantes del centro de Norteamérica. Al cabo de cinco años, los restaurantes tenían un nivel de ventas cercano a los 50 millones de dólares.

Pese al auge de su negocio, Kroc se sentía insatisfecho. Quería ser el único propietario de una cadena de restaurantes rápidos. Es así como en 1960 consigue su objetivo por 2.700.000 dólares.

Una de las metas que deseaba alcanzar Kroc en las décadas sesenta y setenta fue incrementar las operaciones de sus locales de ventas y aumentar el número de personas que podrían ser alimentadas al mismo tiempo.

Agregó al servicio exterior de los estacionamientos, servicio de mesas y barras. Esto estimuló las ventas en los establecimientos situados en ciudades donde el número de propietarios de automóviles era relativamente bajo.

Ray Kroc vio necesario crear un programa de entrenamiento para sus empleados. Los encargados de cada uno de sus negocios tenían que seguir cursos muy exigentes en la McDonald's Hamburger University fundada por él.

Una de las claves de Kroc era la limpieza en cada establecimiento: el piso debía estar siempre limpio y para ello debía ser lavado cada hora. Kroc realizaba frecuentes inspecciones para asegurar él mismo que las reglas fueran cumplidas fielmente.

Un día, en un local de Montana, descubrió un trozo de goma de mascar pegada en la parte interior de una mesa: se arrodilló y personalmente lo arrancó.

Este negocio, en menos de 20 años, se convertiría en el grande de las hamburguesas con un nivel de facturación de 12 mil millones de dólares en todo el mundo y utilidades de más de 400 millones de dólares.

¿Qué fue lo que aprendiste de la historia?

_____

_____

_____

_____

_____

_____

_____

¿Cómo se puede aplicar este pensamiento en tu vida?

_____

_____

_____

_____

_____

_____

_____

¿Cuál es tu vigesimosexta perla de oro?

_____

_____

_____

_____

_____

_____

_____

PERLA DE ORO #27

Nunca aceptes un «no» como respuesta
Historia de Woolworth

Cuando el joven F.W. Woolworth era un empleado de tienda, sugirió a su jefe la idea de tener un rincón especial de «diez centavos» para reducir el inventario. Su jefe accedió y la venta fue todo un éxito.

Esto inspiró a Woolworth para abrir su propio negocio, pero necesitaba un capital inicial para poder sacarlo adelante. Trató de obtener el dinero de su jefe, pero este se negó, alegando que no veía que fuera posible llenar una tienda con artículos de menos de diez centavos.

Woolworth ignoró las palabras de su jefe y continuó adelante, teniendo no solo un sonado éxito en su primera tienda, sino que al final fue dueño de una numerosa cadena de franquicias F.W. Woolworth a lo largo y ancho de los Estados Unidos.

Con posterioridad, su antiguo jefe llegó a manifestar que «por lo que a mí respecta, cada palabra que utilicé para argumentar mi negativa a apoyar a Woolworth me ha costado alrededor de un millón de dólares».

Esta puede ser la historia de muchos de nosotros si decidimos perseguir nuestros ideales a pesar de aquellas voces que nos digan, «no es posible».

¿Qué fue lo que aprendiste de la historia?

_____

_____

_____

_____

_____

_____

_____

¿Cómo se puede aplicar este pensamiento en tu vida?

_____

_____

_____

_____

_____

_____

_____

¿Cuál es tu vigesimoséptima perla de oro?

_____

_____

_____

_____

_____

_____

_____

El dolor te ayuda a salir adelante
Cicatrices

Un día caluroso de verano en el sur de Florida, un niño decidió ir a jugar en la laguna detrás de su casa. Salió corriendo por la puerta trasera, se lanzó al agua y nadaba feliz.

Su madre lo miraba por la ventana desde la casa, y vio con horror lo que sucedía. Enseguida corrió hacia su hijo gritándole lo más fuerte que podía. Oyéndole, el niño se alarmó y comenzó a nadar hacia su madre. Pero fue demasiado tarde.

Desde el muelle, la mamá agarró al niño por sus brazos justo cuando un cocodrilo le agarraba sus pequeñas piernas. La mujer halaba con determinación, con toda la fuerza de su corazón.

El animal era más fuerte, pero la madre era mucho más apasionada y su amor no la abandonaba. Un señor escuchó los gritos y se apresuró hacia el lugar con una pistola y mató al cocodrilo. El niño sobrevivió y, aunque sus piernas sufrieron bastante, aún pudo llegar a caminar.

Cuando salió del trauma, un periodista le preguntó al niño si le quería enseñar las cicatrices de sus piernas. El niño levantó la cobija y se las mostró. Pero entonces, con gran orgullo se subió las mangas y dijo: «Pero las que usted debe de ver son éstas». Eran las marcas de las uñas de su madre que habían presionado con fuerza. «Las tengo porque mamá no me soltó» (Anónimo).

Nosotros también tenemos cicatrices de un pasado doloroso. Algunas son causadas por nuestros errores, pero otras son la huella de Dios que nos ha sostenido con fuerza para que no caigamos en las garras del mal. Dios te bendiga siempre, y recuerda que, si te ha dolido alguna vez el alma, es porque Dios te ha agarrado demasiado fuerte para que no caigas.

¿Qué fue lo que aprendiste de la historia?

_____
_____
_____
_____
_____
_____
_____

¿Cómo se puede aplicar este pensamiento en tu vida?

_____
_____
_____
_____
_____
_____

¿Cuál es tu vigesimoctava perla de oro?

_____
_____
_____
_____
_____
_____

Cuida tu reputación
Entrevista de TV

Hace unos días, estaba viendo en la televisión un programa interesante acerca de los hombres más ricos e influentes de esta era actual. Cada uno de ellos dio algunos consejos que considero son importantes rescatar:

Podemos perder dinero, darnos ese lujo, pero no la reputación.

Es interesante ver cómo hombres ricos y de tanto éxito pueden tener este pensamiento. Para ellos, más importante que ser millonario, es ser respetado: «Ser respetado por otros y por nosotros mismos». Tener compromiso con tu palabra y cuidar tu comportamiento con cada una de las personas que te rodean.

Cada año, nos dedicamos a lo que la gente necesita y le interesa. Trabajamos en tener buenos hábitos, aprender de nuestros errores y, sobre todo, somos responsables de nuestras decisiones.

Mientras más grande te muestres, más grande se vuelve la toma de decisiones, pues son más grandes los riesgos.

Por eso es importante tener clara una visión de hacia dónde vas. Porque eso va a permitir que seas exitoso en lo que te propongas. Tener una buena reputación hará que muchas personas confíen en ti, y esto permitirá que puertas grandes se puedan abrir para hacer negocios. Esa es una muy buena razón para cuidar tu reputación.

¿Qué fue lo que aprendiste de la historia?

_____
_____
_____
_____
_____
_____
_____

¿Cómo se puede aplicar este pensamiento en tu vida?

_____
_____
_____
_____
_____
_____
_____

¿Cuál es tu vigesimonovena perla de oro?

_____
_____
_____
_____
_____
_____
_____

Nunca te rindas
Nadando fuerte hasta llegar

La vida es maravillosa. Siempre suceden cosas interesantes. Imagina que el barco donde navegas tiene un problema y comienza a hundirse poco a poco. Inmediatamente tomas la decisión de saltar al mar y nadas realizando el esfuerzo necesario para avanzar.

De pronto ves una isla, pero estás cansado y sientes que no puedes llegar. Ese es el momento donde debes imprimir más fuerza, para así llegar a salvo.

No sé qué pasa, pero casi siempre la gran mayoría de las personas que están próximos a alcanzar su meta tienden a rendirse. Se sienten agotados y fatigados.

Pero es aquí donde debes tomar la fortaleza interior para salir adelante ¡No te rindas, ánimo!

Es necesario estar enfocado, tener la fuerza y la actitud para luchar por tus sueños.

Es hora de luchar por tu vida. No te rindas.
Golpea sin detenerte, hasta lograr la victoria.

¿Qué fue lo que aprendiste de la historia?

_____
_____
_____
_____
_____
_____
_____

¿Cómo se puede aplicar este pensamiento en tu vida?

_____
_____
_____
_____
_____
_____

¿Cuál es la trigésima perla de oro?

_____
_____
_____
_____
_____
_____

No juzgues antes de tiempo
El helado

En los días en que un helado costaba mucho menos, un niño de diez años entró en un establecimiento y se sentó en una mesa. La camarera puso un vaso de agua frente a él.

«¿Cuánto cuesta un helado de chocolate con cacahuetes?», preguntó el niño. «Cincuenta centavos», respondió la camarera. El niño sacó la mano de su bolsillo y examinó sus monedas.

«¿Y cuánto cuesta un helado solo?», volvió a preguntar.

Algunas personas estaban esperando por una mesa y la camarera ya estaba un poco impaciente, respondió: «Treinta y cinco centavos», dijo bruscamente. El niño volvió a contar las monedas. «Quiero el helado solo», dijo el niño. La mesera le trajo el helado, puso la cuenta sobre la mesa y se fue. El niño terminó el helado, pagó en la caja y se fue. Cuando la camarera volvió, empezó a limpiar la mesa y entonces le costó tragar saliva con lo que vio. Allí, colocados ordenadamente junto al plato vacío, había veinticinco centavos. Su propina.

¿Qué fue lo que aprendiste de la historia?

_____

_____

_____

_____

_____

_____

_____

¿Cómo se puede aplicar este pensamiento en tu vida?

_____

_____

_____

_____

_____

_____

_____

¿Cuál es la trigesimoprimera perla de oro?

_____

_____

_____

_____

_____

_____

Que el Eterno les de vida y permita
que todos ustedes hagan sus sueños
realidad y sean personas llenas
de mucha sabiduría.

¿QUIÉNES SOMOS?

Somos una organización multicultural que cuenta con una proyección internacional ampliamente reconocida. Estamos presente en los 5 continentes y en más de 20 naciones. Tenemos más de 12 años de experiencia en mentoría, consultoría, consejería y asesoría profesional, lo que nos convierte en expertos en estas materias.

Asimismo, trabajamos en el desarrollo del liderazgo humano potencial a través de herramientas innovadoras, únicas y de alto nivel. Nuestra meta es que las personas alcancen sus objetivos y vivan una vida exitosa y productiva, mientras que nuestra satisfacción es que cada persona pueda descubrir, desarrollar y disfrutar de su máximo potencial y sea artífice de su propio destino.

¿Quién es nuestro fundador?

Héctor Rodríguez González es el C.E.O de la organización vvvipmaster. Tiene más de 12 años de experiencia como mentor de liderazgo, orador, asesor y consultor empresarial, embajador del éxito con experiencia en el desarrollo de programas de liderazgo multiculturales a escala mundial tanto en el ámbito personal como profesional, familiar y espiritual. Asimismo, es consultor gubernamental y asesor del gabinete presidencial, embajadores y consejero profesional.

Entre sus experiencias laborales más destacadas, ha trabajado con empresas como: Domino's Pizza, McDonald's, Coca Cola, la Liga de Béisbol Profesional de Estados Unidos (MLB), la selección nacional de baloncesto de Venezuela, entre otros deportes con atletas profesionales de élite.

A su vez, es el fundador de las empresas:

- Mentoría deportiva MLB
- 100% actitud de vencedor
- Escuela de capacitación internacional 100% actitud de vencedor
- Marketing de alto nivel vvvip master
- Corporación empresarial vvvip master.

Sus estudios son los siguientes:

- Administración de Empresas
- Diplomado en Gestión empresarial Instituto Universitario Sydney Australia
- Diplomado en Negocios y en Marketing intituto universitario Sydney Australia.

A través de conferencias, talleres y mentoría, Héctor Rodríguez ha tenido la oportunidad de trabajar con deportistas profesionales de élite como:

- Carl Herrera, campeón dos veces en la NBA con Houston Rockets
- Génesis, participante de la selección de voleibol de Venezuela en las olimpiadas de Beijing
- Carlos Subero, coach de primera base del equipo de grandes ligas Cerveceros MLB.
- Paul Stoll, piloto de la Selección de Baloncesto de México
- Jose Lobaton, jugador de béisbol profesional de la MLB.
- Roselis Silva, jugador de baloncesto de la liga de España.

Héctor Rodríguez ha sido un mentor destacado en equipos deportivos de diferentes disciplinas y en diversos países.

Sus libros

Héctor Rodríguez es un escritor con amplio reconocimiento en el mundo. Es autor de libros exitosos. Ha realizado ponencias en más de 20 países en los cinco continentes.

A lo largo de su carrera ha visitado distintas ciudades y países como expositor en temas de familia, finanzas, habilidad y talentos, vida de éxito, liderazgos, eventos cuya afluencia se ha mantenido entre 300 a 1500 personas. También ha participado como un conferencista internacional en actividades celebradas en Estados Unidos, México, Croacia, Alemania, Sudáfrica, Tailandia Colombia, Suiza, Australia, Italia, Venezuela, Ecuador, entre otros.

Lo que convierte a Héctor en una personalidad única es su manera de desarrollar los temas con tanto profesionalismo, y la creatividad, la emoción y la pasión con que expone sus discursos.

Todo ello hace que Héctor sea uno de los exponentes más valiosos en el campo del desarrollo potencial del liderazgo humano.

En el área empresarial, deportiva, educativa, familiar y social, Héctor Rodríguez motiva a los participantes a conseguir la grandeza en sus vidas y logra estimular a las personas para que cultiven al máximo su potencial y puedan convertirse en constructores de su propio destino.

ORGANIZACIÓN VVVIP MASTER

Nuestro deseo

Nuestro mayor deseo es ver cómo personas, familias, comunidades, naciones y organizaciones de diferentes aéreas (política, educativa, deportiva, empresarial, social) transforman su manera de ver la vida y pueden crecer de forma continua en las principales aéreas de la vida (personal, profesional, familiar y espiritual). Las vías o los caminos para alcanzar dicho crecimiento pueden ser:

- Desarrollando el potencial del liderazgo humano
- Cumpliendo tu propósito en la vida
- Transformando tu manera de pensar
- Llevando tu talento a su máximo nivel
- Realizando tus sueños y metas
- Desarrollando un liderazgo que sirva de ejemplo para una nación
- Consolidando la familia
- Viviendo una vida fructífera y próspera

Todo lo anterior se puede lograr a través de herramientas innovadoras, únicas y de alto nivel que ofrece nuestra organización.

Visión

Ver a miles de personas desarrollando su potencial de liderazgo al máximo nivel, viviendo una vida exitosa y próspera a través de herramientas innovadoras, únicas y de alto nivel ofrecidas por nuestra organización.

Propósito

Ser una organización multicultural de alcance mundial o global, que trabaje en el desarrollo del potencial del liderazgo humano, ofreciendo herramientas innovadoras, únicas y de alto nivel que ayuden a las personas a alcanzar sus objetivos y vivir una vida exitosa y productiva.

Algunos de los valores principales de nuestra organización son:

- Liderazgo de alto nivel
- Obsesión por el cliente, responsabilidad y compromiso
- Pasión por nuestro trabajo
- Servicio de calidad
- Excelencia
- Investigación e innovación
- Calidad en los productos
- Respeto
- Lealtad y honestidad
- Servicio VVVIP

¿Qué es el éxito?

Es el desarrollo continuo de una meta establecida, un proceso correctamente organizado de acuerdo al tiempo, no un producto de la fortuna o la casualidad. El éxito aparece en nuestra vida a través del trabajo, la dedicación, la disciplina y la constancia en alcanzar tus sueños.

¿Qué ofrecemos?

Metodología de nuestra organización

Nuestra organización utiliza programas como asesorías, mentorías, consultorías, conferencias, talleres educativos, seminarios, campamentos de fin de semana, exposición audiovisual, autoevaluaciones dinámicas, ejercicios prácticos, preguntas y respuestas, programa 100% Team Work, juegos recreativos, congresos, asesorías grupales personalizadas, programas de capacitación en el área empresarial, educativa, deportiva y familiar.

Asesoría personalizada

Nuestra organización se encarga de asesorar y aconsejar a otras organizaciones y personas en las diferentes áreas de la vida, ya sea personal, profesional, familiar y espiritual.

Los campos donde desarrollamos nuestro programa son:

- Deportivo
- Educativo
- Social
- Empresarial

PROGRAMA 100% *TEAM WORK*

Propósito

El programa 100% Team Work fue creado con el fin de desarrollar principios de liderazgo y promover el progreso en la vida de una manera práctica, poniendo énfasis en el valor del trabajo grupal a través de juegos recreativos, con sesiones posteriores de la aplicación de meta comunicación. Sin duda esto cumple un papel importante para una sociedad que requiere ser motivada de forma continua.

Este programa se crea con el fin de ofrecer capacitación y transformación a personas y organizaciones, promover la integración y el liderazgo, desarrollar valores y principios para maximizar sus competencias, así como el fortalecimiento de sus valores y el trabajo en equipo. El objetivo primordial es lograr que los participantes interactúen con otros individuos en la conformación de equipos, pasen un día diferente y divertido aprendiendo distintas cuestiones relativas al reto personal, el trabajo grupal y la integración. Las personas viven emociones y situaciones diversas y aprenden de ellas, actuando estas experiencias como elementos clave del aprendizaje.

Cada actividad tiene como finalidad, desarrollar el proceso de la cooperación en los equipos e inspirar y motivar a cada uno de los participantes, con el objetivo de obtener el triunfo esperado y poder desarrollar principios exitosos que sean útiles para las diferentes áreas de su vida (personal, profesional y familiar).

Todos los programas tienen como estrategia ser estimulantes, y están acompañados de actividades, juegos recreativos o vivenciales y dinámicas de grupo que ofrecen a los participantes la oportunidad de examinar su vida personal, su desarrollo, la capacidad de liderazgo y trabajo en equipo.

El programa 100% *Team Work*
Clasificación del programa 100% *Team Work*

Clasificación de cada dinámica y juegos vivenciales del programa

Desarrollando la destreza

Objetivos claros de liderazgo

Formación y organización

Características del grupo y cómo se relaciona cada uno de ellos entre sí

Por el tiempo de aplicación: la manera en que trabajan bajo presión

¿Cómo aprender la resolución de conflictos?

Trabajo en equipo, interrelación e integración

Programa de comunicación: ¿cómo proyectar la visión?

Ideas creativas

Siempre estamos abiertos al trabajo de alto nivel
Si eres profesional y quieres ser parte de nuestro equipo como representante en cualquier país, traductor en diferentes idiomas, o nos puedes apoyar y ayudar de alguna manera, te damos la bienvenida.

Para más información para contratación y contacto, comunícate con nosotros:
CEO Héctor Rodríguez | **vvvipmaster**
Teléfono: 0061 416 778 8 32
Facebook: Hector Rodriguez Gonzalez
Instagram: hector_vvvip
Web: www.vvvipmaster.com
email: hectorvvvipmaster@gmail.com
Youtube: vvvipmaster

www.vvvipmaster.com

www.ingramcontent.com/pod-product-compliance
Lightning Source LLC
Chambersburg PA
CBHW070404220526

45467CB00001B/473